AF267042

NOTES INÉDITES

OU LETTRE HISTORIQUE

DE FEU M. LE GÉNÉRAL

COMTE DE PRÉCY,

Données à un de ses amis, M. P****,

QUI LUI AVAIT DEMANDÉ

L'HISTOIRE DE LA SORTIE ET DE LA RETRAITE DES LYONNAIS,

Après le mémorable siége qu'ils avaient soutenu en 1793,

ET MISES AU JOUR POUR LA PREMIÈRE FOIS, LE 26 AOUT 1825,

PAR L.-M. PERENON,

DEUXIÈME ÉDITION CORRIGÉE,

Faisant suite à son ouvrage intitulé : Annales de Lyon et de son Département,
et servant de réplique aux fables des contrefacteurs.

PARIS ET LYON,

CHEZ LES LIBRAIRES ET MARCHANDS DE NOUVEAUTÉS.

1848.

LETTRE INÉDITE

OU NOTES DE FEU

M. LE GÉNÉRAL COMTE DE PRÉCY.

Sainte-Agathe-sur-Loire, mars 1794.

MON FIDÈLE AMI,

C'est après cinq mois d'une vie errante et fugitive, passée dans les bois, dans les cavernes, dans des greniers, caché dans la paille ou le foin, que jouissant d'un peu plus de tranquillité, quoique toujours sous la hache de la tyrannie, j'entreprends de décrire les événements relatifs au siége de Lyon.

Je l'entreprends avec plaisir, surtout pour vous, mon ami. Il me sera difficile d'entrer dans de grands détails; je n'ai pu conserver aucun papier; j'ai même déchiré jusqu'à des billets faits par des personnes que j'ai craint d'exposer, si j'étais découvert. Il ne me reste donc que ma mémoire, et j'en ai peu; mais je vous promets une entière vérité.

L'histoire de ma retraite et de ma sortie est, dites-vous, ce qui vous intéressera le plus. La voici:

Le 8 octobre 1793, Lyon avait soutenu 63 jours de siége, et Lyon aurait résisté plus long-temps sans doute, mais il lui fallait résister à l'ennemi de tous le plus terrible, à la faim. Lyon ne s'est point rendu. Les ennemis n'ont pénétré dans ses murs que lorsque les Lyonnais en sont sortis eux-mêmes, que lorsqu'ils ont fait leur retraite. Je doute que beaucoup d'opérations militaires aient présenté de plus grandes difficultés; celles que j'avais à surmonter dans la ville même n'étaient pas les moins alarmantes.

La division y avait été jetée par les menées des Jacobins, et cette faction atroce, devenue plus hardie, ne demandait qu'à se rendre. Annoncer hautement une retraite dans une pareille situation, c'eût été vouloir exciter un soulèvement; les administrateurs et les braves Lyonnais se seraient alarmés; presque tous avaient des femmes et des enfants, une fortune, ils auraient cru qu'ils étaient abandonnés; le parti jacobin se serait hautement insurgé; l'ennemi eût été instruit de nos mouvements, les portes lui auraient été ouvertes, et Lyon était livré au feu, au pillage, à toutes les horreurs d'une ville prise d'assaut, par des soldats furieux de sa résistance, et dont la rage était encore excitée par les horribles calomnies de leurs chefs..... d'un Dubois-Crancé, d'un Collot-d'Herbois !

Une retraite était d'autant plus difficile qu'il fallait pour ainsi dire en dérober jusqu'à l'idée; je puis le dire affirmativement, il n'y avait que la prudence à employer pour connaitre les sujets qui voudraient en être, se contenter de ceux qui auraient cette volonté, et ne point les prévenir hautement avant le moment même.

La sortie était assez annoncée par l'état où se trouvait la ville, et chacun pouvait se regarder comme averti; j'avais encore dit constamment et hautement que du moment que la ville capitulerait avec ses ennemis, je saurais agir avec ceux qui voudraient me suivre; j'avais même fait une proclamation dans ce sens, et cependant, le 6, les sections, le comité général avaient nommé des députés pour aller parlementer avec les représentants qui étaient allés à Sainte-Foy, démarche que je m'étais efforcé d'empêcher, mais que je ne pus retarder. Ainsi, d'un moment à l'autre, l'on devait s'attendre à la sortie; je prévoyais dès long-temps les dangers de cette entreprise, et je m'en étais occupé sérieusement; j'avais prié les commandants des postes extérieurs et plusieurs chefs de bataillon de sonder les esprits, mais leurs rapports variaient chaque jour, et je ne pouvais m'arrêter à rien de fixe.

Beaucoup, depuis près d'un mois, demandaient une sortie pour avoir des vivres: cela paraissait impraticable; beaucoup voulaient emmener femmes, enfants, voitures: je ne pouvais m'y refuser; le plus grand nombre demandait que la sortie ne fût plus différée: c'était la voix dominante; j'ai même été vivement sollicité d'y adhérer dans des conseils tenus à cet effet à différentes époques du siége, mais j'ai constamment refusé. Le courage et l'énergie pouvaient seuls sauver Lyon. Je savais bien qu'en me retirant beaucoup plus tôt, et avant que d'être totalement cerné, j'agirais pour ma sûreté et pour celle des individus qui m'auraient suivi.

J'y ai été non seulement sollicité, comme je l'ai déjà dit, mais encore il y a eu, par des officiers qui n'étaient pas de Lyon, des manœuvres et des intrigues pour m'y forcer. J'ai toujours rejeté les lâches conseils. J'aurais cru trahir la confiance et le devoir, si je m'y étais rendu. Je pouvais d'ailleurs être secouru ou favorisé par les événements. Que l'on examine la situation de la France à cette époque, et l'on verra si mon espoir ne devait pas me paraître fondé. L'Ouest de la France menaçait Paris, qui n'était pas tranquille; Marseille était cernée; plusieurs départements partageaient l'esprit de celui de Rhône-et-Loire, et il pouvait pareillement s'y former des réunions pour résister à l'oppression.....

Tels étaient mes motifs pour espérer et pour combattre jusqu'à la dernière extrémité; et si un seul s'était réalisé, si Lyon avait été secouru par une diversion, la France n'aurait pas été et ne serait pas encore inondée du sang de ses citoyens les plus vertueux. Cette ville, je le répète, ne pouvait se soustraire à ses tyrans que par les armes: elle a prouvé que l'on peut, que l'on doit tout entreprendre avec du courage, et le Lyonnais a fait tout ce que l'homme peut faire.

Une ville immense, sans fortifications, défendue par ses seuls habitants, manquant de tout ce qui est nécessaire à une place de guerre, a soutenu un siége de soixante-trois jours, attaquée par un ennemi implacable, dont le conducteur réunissait tous les pouvoirs, et ne craignait pas d'user de tous les moyens les plus odieux et les plus destructeurs, l'incendie, le boulet rouge, le bombardement, la trahison, la perfidie, la calomnie, enfin tout ce que peuvent des lâches, soutenus d'abord par une armée de 50 à 60,000 hommes (vers la fin le nombre avait doublé), dont les deux tiers étaient aguerris, armés, bien pourvus de vivres et de munitions de toute espèce, ayant un corps de génie et d'artillerie formidable, une nombreuse cavalerie, enfin tout ce qui assure le succès.

Mais quelqu'effrayantes que dussent lui paraître ces forces, le Lyonnais avait pris le seul parti qui eût pu le sauver. Lyon ne pouvait se flatter d'échapper par la soumission à la haine, à la vengeance des tyrans de la France: sa ruine, ainsi que celle de toutes les grandes villes de commerce, avait été arrêtée dans leurs comités secrets, et les causes et

les motifs qui la leur avaient fait jurer étaient de nature à
n'être jamais oubliés ni pardonnés par de tels monstres;
les voici :

1° Les richesses ;

2° L'esprit aristocratique, c'est-à-dire celui de vouloir un
gouvernement légitime (1), la sûreté de sa personne et de
sa propriété, et la résistance aux principes de Challier;

3° La journée du 29 mai ;

4° La retraite donnée aux députés victimes du 31 mai, à
Paris.

Que de raisons pour expliquer la haine implacable de la
Convention et sa résolution de détruire Lyon! Et sa conduite
n'en est-elle pas la preuve la plus évidente? Avait-elle en-
voyé des commissaires? (2) Ses représentants ont-ils ouvert
avant ou pendant le siége quelques voies d'accommodement?
Suspendit-elle l'exécution de ses horribles projets lorsque Lyon
consentit à la reconnaitre elle et ses décrets, sauf ceux de
la localité, et qu'elle envoya à cet effet trente-deux députés?
Tout se réduisait de sa part à des « *Mettez bas les armes;*
nous voulons remettre le bon ordre dans votre ville et y réta-
blir l'ancienne municipalité. » Cela ne signifiait-il pas claire-
ment : Nous voulons vos têtes, vos millions, nous voulons les
avoir sans que vous puissiez les défendre; nous voulons vous
régir sous notre bras de fer, et nous le voulons au nom de la
liberté? Ainsi, Lyon avait suivi la voix impérieuse de la nécessité et de l'honneur..... Et le jour viendra, je n'en doute
pas, où non seulement cette ville, mais la France entière

- - - - - - - - - -

(1) On ne doit pas oublier qu'alors les républicains ne faisaient point de
distinction entre aristocrate et royaliste.

(2) Robert-Lindet, ex-évêque, vint d'abord à Lyon en cette qualité, mais
la Convention fit peu de cas de son rapport en faveur de Lyon.

sera fière de sa résistance : elle était digne d'un meilleur succès ; mais il fallut enfin céder à l'injuste fortune, ou plutôt
à la faim , et penser sérieusement à faire une retraite hono-
rable : c'était le but de tous mes efforts.

J'avais contribué le 6 à retarder la députation des sections,
mais l'assemblée générale l'avait envoyée le 8. J'en prévoyais
l'inutilité, mais je ne pouvais plus raisonnablement m'exposer à une démarche dont quelques-uns espéraient une capitulation ; le seul moyen d'obtenir des conditions était d'en
imposer par la fermeté, l'énergie, et de faire prendre les
armes à tout le monde indistinctement, même aux administrateurs. Je m'étais rendu à cette assemblée pour y faire
sentir la nécessité de ces mesures , mais je m'aperçus que le
parti jacobin se faisait craindre ; je vis bien qu'il n'y avait
plus à délibérer, et qu'il fallait se retirer ; je ne croyais cependant pas, je l'avoue, être forcé d'exécuter ma sortie cette
nuit-là même ; je voulais attendre le résultat de la députation des sections, bien persuadé que la réponse des féroces
proconsuls serait des ordres de se rendre, avec des menaces
horribles, et qu'alors beaucoup de Lyonnais, ne doutant plus
de leur situation, se décideraient à quitter leur ville.

Ce parti était dicté par l'étude et la connaissance des esprits , car on était généralement disposé à rester ; les uns
espéraient pouvoir se cacher, les autres disaient : « Mais que
peut-on nous faire ? » Et Lyon doit les plaindre, loin de les
blâmer de n'avoir pas soupçonné toute l'atrocité de leurs
ennemis. Mais si les Lyonnais avaient senti leurs véritables
intérêts, ils auraient suivi mon conseil, et, se portant en
masse aux portes et aux remparts, il auraient intimidé et
peut-être obtenu des conditions ; ce mouvement aurait eu
de plus l'avantage de faciliter ma sortie et de la rendre plus
nombreuse.

Le 8, vers six heures du soir, l'ennemi mit le feu au col-
lége de Saint-Irénée, et profita de cet accident pour attaquer la porte de ce nom ; elle avait été presque évacuée ainsi
que celle de Trion, et il l'emporta après une légère résistance ; mais il fut arrêté par des batteries et des retranche-
ments qui avaient été élevés à la réunion des rues et des
portes de Saint-Irénée et de Trion.

Cet événement ne me décida pas encore sur-le-champ à
la sortie : la porte de Trion et la batterie de Loyasse n'étaient
point forcées ; l'ennemi avait été arrêté et ne faisait point de
progrès, et j'espérais me soutenir la journée du 9. Mais
ayant appris vers dix heures du soir que la porte de Trion
ne pouvait plus tenir, que les canonniers de la batterie de
Loyasse l'avaient tous abandonnée, à l'exception de *cinq*,
enfin que le poste qui devait la soutenir s'était retiré, je vis
alors que la sortie était obligée, puisque l'ennemi pouvait
pénétrer sur plusieurs points à la fois. Je m'y résolus donc
aussitôt.

J'envoyai sur-le-champ aux commandants des travaux
Perrache, des portes Saint-Georges et Saint-Clair, des Brotteaux, des faubourgs Saint-Just, de Serin, de Vaise et de la
Croix-Rousse, l'ordre de retirer leur artillerie, de faire leur
retraite, et de se rendre à Vaise avec les hommes de bonne
volonté ; je fis battre trois fois la générale avec invitation aux
citoyens qui n'occupaient pas les postes extérieurs de venir
se former sur la place des Terreaux ; je crus cependant ne
pas devoir rassembler les bataillons : je craignais les Jacobins.
Je fis donner ordre à la cavalerie de se réunir à Serin à l'es-
cadron de Montbrison, et je devais prendre de l'artillerie à
la Claire ; je l'y avais fait conduire ; dès le moment où j'avais
arrêté mon plan de retraite : les différents commandants
exécutèrent leurs ordres avec intelligence.

Je ne quittai l'Hôtel-de-Ville qu'à trois heures du matin, et après avoir donné les ordres que je crus nécessaires; j'avais fait couper le pont de bateaux de la Saône et établir une batterie sur le Pont-de-Pierre; je craignis que le détachement de la porte Saint-Georges fût coupé : et quel désordre serait résulté d'une pareille retraite si j'avais été attaqué !

Je m'étais rendu au bas de Serin pour y recevoir les différents détachements qui devaient y passer pour se rendre à Vaise , et je leur ordonnai successivement de gagner l'enclos de la Claire. Il était encore de trop bonne heure pour qu'ils fussent tous arrivés au rendez-vous, plusieurs devant traverser Lyon dans toute sa longueur et faire ainsi près d'une lieue. Lorsqu'il en eut passé un certain nombre, je me rendis moi-même à la Claire.

J'ignorais ce qui devait composer ma sortie, je ne trouvais que des débris de compagnies et des individus isolés; j'espérais avoir deux où trois mille hommes, je n'en eus que sept cents. Je fus obligé de compter moi-même les hommes, de former les compagnies , de nommer les officiers, de composer une avant-garde, un corps du centre et une arrière-garde ; je n'étais point aidé, et jamais, non, jamais, il ne s'est vu un travail si difficile; qu'on ajoute à cette fatigue toutes les peines de l'âme , et l'on n'aura encore de ma position qu'une bien faible idée.

On me demandera peut-être pourquoi je n'ai pas opéré ma sortie de nuit. Je répondrai que cette manœuvre, bonne quelquefois, ne convenait pas à ma position, et que j'aurais tout au plus pu l'entreprendre avec des troupes de ligne. Je répondrai surtout qu'obligé alors de faire pendant le jour mes dispositions de retraite que je ne pouvais plus dérober à l'ennemi, et livrant de nuit la ville à son pouvoir, c'était l'abandonner à un pillage certain ; j'en suis encore persuadé;

ce n'est point une vaine excuse que je cherche, j'en ai agi, et je parle d'après ma conscience.

Les dispositions que je dus faire prirent du temps ; elles n'occasionnèrent cependant point de retard, puisque M. de Virieux ne put arriver qu'à huit heures et demie, ayant exécuté sa retraite très difficile de la Croix-Rousse en bon officier et avec toutes les précautions nécessaires. M. de Clermont-Tonnerre arriva avec lui à la tête du détachement de la porte Saint-Georges, dont il avait le commandement. Je composai mon avant-garde d'une compagnie de chasseurs de 80 hommes, et de ma cavalerie, qui pouvait être de 120. J'en donnai le commandement à M. de Rhimberg. Le corps du centre fut formé du fond de deux bonnes compagnies, de beaucoup de Lyonnais de différents corps et bataillons, et d'habitants de la campagne que je formai par compagnies, auxquelles j'attachai des officiers ; j'en pris le commandement, ayant sous moi M. Burtin de la Rivière.

L'arrière-garde, formée des deux détachements de la Croix-Rousse et de la porte Saint-Georges, fut commandée par M. de Virieux. Je ne pris que quatre pièces de canon ; je plaçai la première à la tête de la colonne du centre, et la seconde en arrière de cette même colonne, les deux autres après le détachement de l'arrière-garde. L'avant-garde pouvait être de 200 hommes, le centre de 300, et l'arrière-garde de 200 hommes ; ce qui faisait un total de 700.

Ce corps était bien faible, mais je suis encore persuadé qu'il aurait échappé à ses ennemis, s'il n'avait point eu d'artillerie, ni rien qui pût retarder sa marche, et si, tous à pied, ils eussent voulu obéir strictement, et ne point se séparer individuellement ; mais le canon était nécessaire pour donner plus de confiance, et beaucoup d'administrateurs, d'aides-de-camp, d'officiers, qui n'appréciaient pas bien le

genre de danger qu'ils allaient courir, s'attachèrent au corps
de cavalerie ; beaucoup y ont péri qui se seraient sauvés à
pied. Je m'occupais depuis près d'un mois de la partie que je
pourrais forcer, ce qui variait à mesure que le siége se prolon-
geait, et devenait plus difficile par les renforts que recevait
l'ennemi, et par son rapprochement de la ville ; il était à la
fin fort de 50 à 60 mille hommes de bonnes troupes (sans
compter les levées en masse des départements voisins). Lyon
était totalement cerné ; des redoutes, des batteries étaient
établies sur toutes les hauteurs, et sur les routes qui de plus
étaient encore coupées en plusieurs endroits ; l'ennemi était
maître de Sainte-Foy, de toutes les maisons de campagne
depuis Sainte-Foy jusqu'à Vaise, des villages de Saint-Rambert, de Saint-Cyr, de la Duchère, de la grande route de
Villefranche, de tous les villages depuis la Saône jusqu'au
Rhône, avec des positions en arrière, de tout le terrain depuis le Rhône jusqu'au faubourg de la Guillotière ; toute
cette partie, ainsi que celle entre la Saône et le Rhône,
était fortifiée, hérissée de canons, gardée par un corps de
12 à 15 mille hommes d'infanterie et par un gros de cavalerie. Je n'avais pour but que de gagner la Suisse, comme la
partie la plus rapprochée de Lyon, qui nous offrait un asile
sûr. Je ne le pouvais tenter par les Brotteaux : ce côté, je
viens de le dire, était fortifié ; je trouvais les mêmes dangers
par les portes de Saint-Clair et de la Croix-Rousse, où j'aurais eu ces mêmes forces à combattre.

Je n'avais vu qu'un seul point à pouvoir espérer de forcer,
celui des villages de Saint-Rambert et de Saint-Cyr. Tous les
renseignements que j'avais pris m'assuraient que les chemins
de traverse n'étaient point coupés ni retranchés dans cette
partie, et je m'en étais assuré moi-même par les reconnais-
sances que je faisais depuis quinze jours des hauteurs de

de Cuire et des terrasses des maisons de la tour de la Belle-
Allemande. L'enclos de la Claire facilitait encore mon rassemblement; il était caché à l'ennemi par des murs et par
des arbres, et il y avait pour en sortir deux portes qui n'é-
taient point à la vue de ses batteries.

Il pouvait être neuf heures; je donnai ordre à l'avant-garde
de sortir, de longer la Saône, et de remonter dans le village
de Saint-Rambert; j'en pris moi-même le chemin par la
route ordinaire avec le corps du centre, et j'ordonnai à l'arrière-garde de me suivre, surtout de ne pas laisser d'intervalle entre elle et moi.

Mes colonnes débouchent par le Plan de Vaise, et elles
essuyent, jusqu'à l'entrée des maisons de Saint-Rambert, un
feu foudroyant de cinq batteries parfaitement établies, ser-
vies par des canonniers de ligne; mais ce feu ne les arrête
point. Intrépides, elles s'avancent, et, marchant sur les postes
ennemis placés derrière les murs et les haies qui bordent le
Plan de Vaise, elles les emportent successivement tous, avec
la vigueur la plus brillante. Un instant cependant elles pa-
raissent étonnées; elles s'avançaient sur Saint-Rambert par
un chemin très encaissé, et l'ennemi, qui avait des postes
sur l'un de ses côtés, redoublant un feu que sa position
rendait très meurtrier, cause un léger mouvement dans les
premiers pelotons. Sentant à l'instant tout notre danger, je
prends moi-même deux pelotons du centre, et, leur faisant
gravir le côté opposé du ravin, je les mets en bataille vis-à-
vis de l'ennemi; la nature du terrain me permettait de
lui riposter par-dessus la colonne, qui tirait elle-même de
côté, et leur feu vif et bien dirigé replie bientôt l'ennemi.

Ce mouvement fut décisif, et ma colonne put alors conti-
nuer sa marche; arrêtée dix minutes seulement, tout péris-
sait, tout était pris par les renforts qui arrivaient à l'ennemi

de son camp de Limonest. L'action fut très meurtrière, surtout pour les deux pelotons que je tirai du centre ; j'éprouvai là un des moments les plus déchirants de ma vie, et mon âme se brise encore à son souvenir. Cinq ou six jeunes gens dangereusement blessés s'écriaient douloureusement : « Général, ne nous abandonnez pas, nous sommes perdus ; emmenez-nous, général. » Hélas ! je n'en avais pas la possibilité. Brave jeunesse, recevez l'hommage que ma sensibilité paye à votre bravoure et à vos malheurs. Je me retrace sans cesse ce moment affreux, et mes larmes coulent et couleront toujours à ce douloureux tableau !

J'avais perdu à une première attaque M. Burtin de la Rivière, officier d'un grand mérite, qui avait commandé avec distinction le poste de Saint-Clair ; je le vis tomber à côté de moi. Sous lui les Lyonnais firent, dans toutes ces différentes attaques, beaucoup de prisonniers ; et, malgré sa position affreuse, malgré tout ce qu'il avait souffert, malgré le sort qui l'attendait, lui, ainsi que tout ce qu'il avait laissé de cher dans Lyon, malgré que la mort eût été donnée sur-le-champ aux prisonniers qu'on lui avait faits pendant le siége, tandis qu'il traitait avec douceur ceux qu'il faisait, il veillait lui-même à leur sûreté, les défendait contre quelques individus justement irrités du traitement commis sur un père peut-être ou sur un frère ; il traitait comme ses concitoyens les blessés dans cet hôpital qu'Attila même eût respecté, et qu'un Dubois de Crancé se vanta d'avoir donné pour but à ses canonniers ; eh bien ! malgré tous les motifs que pouvait lui suggérer la vengeance, le Lyonnais, toujours maître de lui, laissa la vie à son ennemi, dont il se contenta de briser les armes.

Ma cavalerie et mes chasseurs, formant le corps de l'avant-garde, m'avaient rejoint dans le village de Saint-Rambert, après avoir essuyé dans leur marche un feu très vif. Mais j'étais inquiet de mon arrière-garde ; je me portai en arrière de ma colonne, et je la vis qui débouchait à quatre cents pas de moi, et marchant en bon ordre. Je fus alarmé de cet intervalle ; je ne pouvais cependant aller à elle, ni l'attendre ; je gagnai la tête de mon avant-garde, qui attaquait les postes ennemis.

Ces postes furent tous forcés ; cependant l'arrière-garde n'arrivait pas. Mes alarmes redoublèrent ; elles n'étaient que trop fondées. M. Durour, un de mes aides-de-camp, qui me rejoignit après le village de Saint-Cyr, m'apprit qu'elle avait été coupée à l'entrée de Saint-Rambert, et que son retard avait été occasionné par l'explosion d'un caisson auquel un obus avait mis le feu en débouchant de la Claire. Voilà les seuls renseignements que j'ai eus sur ce corps.

M. Durour avait lui-même couru les plus grands dangers. Au village de Saint-Rambert, il commandait la pièce d'artillerie qui suivait le corps du centre ; attaqué à l'entrée du village par un corps supérieur au sien, il ne s'était dispersé qu'après une vive résistance, et il fut forcé d'abandonner sa pièce, qu'il fit enclouer. Je présumai que ce corps était composé de différents postes que j'avais déjà battus et qui s'étaient ralliés près du village ; il avait probablement reçu des renforts du camp de Limonest, comme je l'avais craint, et il se trouva assez fort pour arrêter et couper mon arrière-garde.

Mon projet était de passer la Saône au-dessous de Trévoux, de gagner le département du Jura et les montagnes de Saint-Claude qui touchent à la Suisse. Les chemins étroits de Saint-Rambert et de Saint-Cyr retardaient ma marche, mais j'étais forcé de les prendre pour éviter le camp de Limonest. Le terrain que j'avais ensuite à traverser m'était avantageux, mais il fallait marcher rapidement et n'avoir rien à sa suite; la seule pièce de 4 que j'avais avec moi, et dont l'essieu finit par se rompre, retarda ma marche de deux heures d'un temps bien précieux.

Après avoir traversé le village de Saint-Cyr, et après une heure environ de marche, mes malheureux camarades se livrèrent à la joie. Leur peu d'expérience les empêchait de voir que le danger était loin d'être passé; tous se félicitaient et plaignaient ceux qui étaient restés dans Lyon. Que mes réflexions étaient différentes et pénibles! mon arrière-garde coupée, mes canons enlevés ou abandonnés; je prévis dès lors qu'il y avait peu de probabilité de nous sauver.

Nous marchâmes environ près d'une lieue sans rien apercevoir, lorsque, vers une heure, il parut en arrière une tête de colonne; tous se mirent aussitôt à crier que c'était l'arrière-garde, mais c'était l'ennemi. Des colonnes de cavalerie, d'infanterie, d'artillerie débouchèrent. A cette vue, toute ma troupe jeta un cri: *Gagnons les hauteurs!* Je voulus en vain la retenir et y maintenir l'ordre.

Arrivé sur la hauteur, je portai rapidement en avant la cavalerie et les chasseurs. Je formai l'infanterie, et je la mis en bataille, adossée à un bois. Cependant l'ennemi avançait, tirait du canon, et ses tirailleurs approchaient; j'aperçus en même temps des colonnes d'infanterie et de cavalerie sur la rive gauche de la Saône; je vis dès ce moment l'impossibilité de passer cette rivière et de résister aux forces qui allaient nous attaquer. Je renonçai donc au projet de gagner la Suisse, et je me décidai sur-le-champ à me jeter dans des lieux difficiles, et à me retirer dans les montagnes du Beaujolais ou du Forez, où nous aurions eu la possibilité de nous maintenir long-temps ou de nous diviser individuellement avec l'espoir de trouver des retraites sûres; je fis mes dispositions en conséquence.

La hauteur où je me trouvais au moment d'être attaqué est située entre les villages de Colonges et de Poleymieux; un terrain coupé, difficile, planté de bois, me séparait de ce dernier village, et deux routes y conduisaient, l'une très mauvaise, très rapide, propre seulement pour des piétons. Je m'y jetai sans hésiter avec tout mon corps du centre, uniquement composé d'infanterie; j'envoyai l'ordre à ma cavalerie et aux chasseurs de suivre par l'autre route: elle était à voie de char, mais il fallait faire un grand détour pour la prendre.

Je marchai dans le meilleur ordre possible, mais je m'aperçus que quelques individus, espérant se sauver plus aisément en s'isolant, m'avaient déjà quitté dans le bois pendant ma marche. Arrivé au village, j'y fis une halte pour attendre ma cavalerie. J'avais de vives inquiétudes sur sa marche : elles n'étaient que trop justes. Attaquée en cherchant à gagner le chemin de Poleymieux, elle fut battue, dispersée et obligée de se débander. Je jugeai de l'événement par son retard, et j'en eus la triste certitude en sortant de Poleymieux ; je vis plusieurs malheureux des miens poursuivis, je leur fis inutilement signe de venir se *rallier à moi*. Ainsi, je me vis encore privé de ma cavalerie et de mes chasseurs.

Ma position devenait à chaque instant plus douloureuse et plus critique. J'avais pris un guide au village, et je lui ordonnai de me faire traverser la grande route de Lyon à Villefranche, au-dessous d'Anse. Nous trouvâmes près du village de Chasselay une patrouille de hussards ; elle avait été envoyée dans le canton pour lui faire prendre les armes en peignant les Lyonnais comme brûlant, tuant tout sur leur passage. Un de ces hussards fut tué. Je laissai le village sur ma gauche, et, après avoir traversé la grande route une demi-lieue plus loin au-dessous des Echelles, je gagnai la plaine en dirigeant ma marche sur les montagnes les plus voisines.

Je m'avançai vers le village de Morancey, où le tocsin sonnait avec force; j'en étais encore à un quart de lieue, lorsque je rencontrai un honnête fermier qui consentit à s'y rendre, accompagné de deux des miens. Il rassura les habitants, et le tocsin cessa. Je le suivis de près et profitai de ce calme; j'obtins du pain, du vin, qui furent généreusement payés; et, après une heure de repos, je me mis en marche pour le village d'Alix, où j'arrivai à neuf heures du soir.

Nous étions tous harassés de fatigue, et tombant de sommeil. J'hésitai si je passerais la nuit dans ce village. Il offrait des ressources pour notre triste position; mais la crainte d'être surpris, et la difficulté de tenir sur leurs gardes des hommes fatigués, me décidèrent. Une marche rapide pouvait seule nous sauver; l'ennemi, que je jugeai bien avoir poursuivi mon avant-garde et s'être ainsi éloigné de nous, pouvait à chaque instant revenir sur nos pas, et il m'aurait été impossible de gagner les montagnes. Je continuai donc ma marche, et j'arrivai vers les onze heures du soir dans les bois d'Alix; il n'était plus possible de marcher sans avoir pris quelques heures de repos, et je dus, malgré toutes mes craintes, y faire halte.

L'histoire offre peu d'exemples d'une journée aussi terrible: une ville superbe, la seconde de la France, une des premières du monde par son commerce et ses richesses, livrée à la merci d'un ennemi féroce et impitoyable, irrité par sa défense inouïe, et allant réaliser toutes les horreurs dont il l'avait menacée; le faible reste de ses fidèles défenseurs, cherchant son salut dans sa valeur, coupé, dispersé, arrêté et destiné à l'échafaud; le peu que j'avais pu conserver auprès de moi, était errant et incertain de pouvoir se sauver.

Telle était notre position dans les bois d'Alix, le 9 octobre à minuit; je n'essaierai pas de décrire ce que je souffrais personnellement; mon état ne se rend pas!

Après deux heures de repos je me mis en marche en me dirigeant sur la petite ville du Bois-d'Oingt; je devais nécessairement y passer. En débouchant des bois d'Alix, je rencontrai, à la croisée d'un chemin, un poste de quatre paysans; je les interrogeai; ils me dirent qu'il y avait dans la ville un bataillon d'infanterie de ligne et du canon; m'étant aperçu que ce rapport intimidait, je leur demandai s'ils pourraient me faire éviter la ville en la tournant; ils me le promirent, mais ces scélérats me firent marcher pendant deux heures, et me conduisirent dans un bois sans chemin, m'alléguant pour excuse qu'ils s'étaient égarés et ne connaissaient pas bien le pays; cependant j'étais obligé de m'en servir, et je les fis garder à vue. Une demi-heure avant le jour, j'envoyai deux personnes intelligentes avec des guides pour reconnaitre les chemins et notre position; leur rapport ne fut pas satisfaisant: nous étions entre les villages de Thizy et de Bagnoles, et à une demi-lieue seulement du Bois-d'Oingt.

Dès la pointe du jour le tocsin se fit entendre dans toutes les paroisses, et je pus juger, par le mouvement et le bruit que j'entendais autour de moi, qu'il allait se former de grands rassemblements.

Plusieurs officiers me demandèrent la permission d'aller au village de Bagnoles, où, d'après les promesses des guides, ils espéraient être bien reçus. Ma position était trop périlleuse pour vouloir la faire partager forcément à qui que ce fût, et je la leur accordai volontiers: je les vis revenir une demi-heure après très satisfaits. La municipalité leur avait offert des passeports, en leur apprenant qu'il y avait dans toutes les paroisses ordre de sonner le tocsin et de courir sur nous. Sur ce rapport MM. de la Chapelle et de Chamberon désirèrent aussi aller au village ; je le leur permis avec plaisir, étant bien aise d'avoir d'eux un nouveau rapport avant de me décider à sortir du bois ; mais ne les voyant pas revenir au bout d'un certain temps, je pris la résolution d'en sortir : il pouvait être environ six heures.

Dès que ma troupe eut débouché, le tocsin redoubla de tous côtés, et je rencontrai aussitôt un grand attroupement de paysans qui criaient, pour ne pas dire qui hurlaient, de mettre bas les armes, de se rendre ; il fut facile de les contenir, et de me faire conduire à Bagnoles, malgré leurs efforts pour me faire rétrograder. Du bois au village il pouvait y avoir un fort quart de lieue. Pendant ce trajet je fus accompagné par ces paysans ; leur nombre augmentait à chaque moment ; il arrivait même des chefs de légion et des officiers en uniforme.

En entrant dans le village, je demandai mes officiers : MM. de la Chapelle et de Chamberon parurent. Ils me dirent qu'ils demeureraient volontairement, ayant affaire à de bons et honnêtes paysans, je les assurai que je ne m'y opposais pas, mais que je me battrais jusqu'au dernier moment avec ceux qui voudraient me suivre. J'appris que dans la nuit deux Lyonnais avaient été arrêtés et mis en prison, je les réclamai, l'on faisait attendre, je menaçai, ils arrivèrent ; l'un d'eux était M. Smith, lieutenant-colonel, bon officier d'artillerie, qui avait été chargé de la fonderie, lorsque la crainte l'avait fait abandonner à l'entrepreneur ; l'autre était un aide-de-camp de M. Burtin.

Je restai dans Bagnoles une heure au plus, et je fis donner à mes braves camarades du pain et du vin ; pendant ce temps l'attroupement se fortifiait autour de nous ; on me donnait avis de partir, que nous allions être attaqués.

Je demandai un guide, et pris le chemin d'Amplepuis.

Je ne puis me refuser au plaisir de me rappeler la confiance et l'attachement que les Lyonnais m'ont constamment témoignés, et, sans parler de leur constance héroïque à supporter sans se plaindre tous les dangers et les travaux, avec quelle indignation et quelle unanimité n'avaient-ils pas rejeté plusieurs fois les offres que Dubois-Crancé leur faisait d'une capitulation, aux conditions de lui livrer ma tête et celle des principaux chefs ! J'éprouvai plus que jamais le bonheur d'être leur ami, et c'est à ce sentiment que je dois sans aucun doute mon existence : tous m'engagèrent à changer de nom ; ils me donnèrent celui de capitaine Antoine, et il fut convenu qu'on dirait que j'avais été tué.

Je n'avais pas fait un quart de lieue après Bagnoles, que je vis un grand rassemblement de gardes nationales, de paysans, de femmes, d'enfants, qui débouchèrent en jetant des cris affreux ; les gardes nationales coururent aussitôt à la rivière de Chessy pour m'y couper le chemin d'Amplepuis, et se cachèrent derrière des haies et des arbres pour faire feu sans courir de risques. Je marchai serré autant qu'il me fut possible, n'osant séparer ma troupe, craignant que de faibles détachements ne fussent enveloppés ; d'ailleurs, ils auraient tiraillé, retardé ma marche, et nous ne pouvions nous sauver qu'en gagnant du chemin. Le tocsin sonnait de tous côtés, je ne voyais partout que de nombreux rassemblements, et je crus devoir quitter le chemin d'Amplepuis ; je dirigeai aussitôt ma marche sur les bois de Saint-Romain, en évitant les chemins et les villages ; j'espérais pouvoir gagner de là les montagnes de l'Auvergne et du Velay. Cependant nous étions vivement pressés, et des tirailleurs commençaient à nous tuer des hommes. Le feu se dirigeait surtout sur M. Restier et sur moi : nous étions très bien montés et plus en évidence ; aussi l'essuyâmes-nous jusqu'au bois de Saint-Romain.

M. Restier ne fut pas touché ; je reçus deux balles, l'une dans mon chapeau, l'autre dans mes habits ; je marchai souvent sur deux colonnes, et quelquefois en bataille, pour arrêter l'ennemi, allant à vol d'oiseau autant que le terrain le pouvait permettre.

Forcé de passer près du village de Saint-Véran, le tocsin redoubla à mon approche. Un rassemblement fit feu sur mes deux colonnes, qui me demandèrent aussitôt à marcher sur le village ; je m'y opposai. J'aurais sûrement réussi à dissiper ce rassemblement, mais cela ne pouvait nous sauver ; je craignais que le moindre retard ne donnât aux troupes parties de Lyon le temps de nous investir, et je continuai ma marche, en cherchant à traverser la grande route de Lyon à Roanne et à éviter Tarare. Nous étions toujours harcelés, je perdais des hommes, et quelques uns restaient aussi dans les bois que je cotoyais, espérant s'y cacher et s'y sauver.

Le tocsin nous suivait partout, les rassemblements s'augmentaient à chaque instant ; nous étions fusillés, on tirait sur nous avec une animosité, un acharnement tels, qu'on aurait pu croire que l'on chassait des bêtes féroces ; et, certes, nous étions bien loin de justifier l'idée que l'on avait de nous, car je puis jurer sur mon honneur que depuis Lyon jusqu'à Saint-Romain, et quoiqu'exténués de fatigue et de faim, pas un de mes camarades, non, pas un, ne s'est permis de prendre un raisin, un seul fruit. Il est tombé plusieurs paysans entre nos mains. J'en ai même arrêté un qui me lançait un coup de fourche : aucun n'a été maltraité ni blessé ; mais ces malheureux étaient si fortement prévenus, qu'aucune conduite ne pouvait les faire revenir. Si je l'avais voulu, j'aurais fait beaucoup de mal ; je me félicite de ma conduite , et les hommes de bien me jugeront un jour : les scélérats qui ont tant calomnié les estimables Lyonnais n'ont pu se rendre leurs imitateurs.

Toujours poursuivi et perdant des hommes par le feu de l'ennemi et la fatigue, j'arrivai à la grande route à une demi-lieue de Pont-Chara. Il était trois heures ; je voyais devant moi, à une demi-lieue environ, les bois de Saint-Romain, et je me félicitais de pouvoir les gagner pour y prendre un repos nécessaire. Je ne pouvais pas voir encore les nombreux rassemblements qui se formaient dans cette partie ; je ne m'aperçus de ceux déjà formés sous la Croisette et du côté d'Avoge qu'après avoir traversé la rivière de Tarare. A quatre ou cinq pas de cette rivière, je fis halte, car il n'était plus possible de marcher sans quelques heures de repos ; je choisis un plateau où je formai ma petite troupe à mesure qu'elle arrivait. Telle était la fatigue de tous, qu'ils se jetaient par terre sans pouvoir se tenir debout.

J'avais aperçu à mon arrivée sur le plateau un corps de cavalerie d'environ 100 hommes, tant dragons que hussards, qui vint se former en bataille à 400 pas en avant de nous ; je vis sur ma droite des drapeaux et un corps que j'estimai de 3 à 4,000 hommes. Il pouvait y en avoir le même nombre sur ma gauche au-dessus d'Avoge, et au-dessous, toujours sur ma gauche, étaient des rassemblements nombreux. J'aperçus enfin des pelotons jusque sur les hauteurs au-dessus des bois de Saint-Romain ; j'appris depuis que tous les villages à 5 à 6 lieues avaient été requis et forcés de prendre les armes. Quelle position ! J'avais, pour résister à ces forces, 100 hommes au plus, exténués de fatigue, de faim, de soif, de chaleur, accablés, découragés, étendus par terre, et ne donnant à mes sollicitations qu'une attention proportionnée au peu de forces qui leur restaient. Si nous eussions été attaqués dans ce moment, nous périssions tous, et je ne le dissimulai pas à mes malheureux amis. Je les priai, je les menaçai tour-à-tour sans succès ; je leur promis qu'en exécutant strictement mes ordres, je les conduirais au bois qui était à un fort quart de lieue de nous ; j'ajoutai que, plutôt de me laisser prendre vivant, je saurais périr à leurs yeux ; je parvins enfin à les décider, et je les formai en bataille. Hélas ! ce n'était pas le courage qui leur manquait, mais les forces ! J'avais eu le temps d'examiner les différents rassemblements et leurs mouvements. Le petit village d'Ancy était sur ma gauche. Il était même abandonné des enfants et des femmes ; j'y dirigeai ma marche, et je le traversai sans obstacle.

Après avoir reconnu le terrain de ce village au bois, je me décidai à longer des haies et des chemins difficiles qui me promettaient une défense plus aisée contre la cavalerie, que je jugeai bien devoir chercher à me couper le chemin du bois. Je n'eus pas fait 2 ou 300 pas, que je la rencontrai ; elle était en bataille dans une petite plaine que je devais traverser pour arriver au bois. Je n'hésitai pas de la charger.

Je forme à l'instant ma troupe en bataille et je marche sur la cavalerie. Ce mouvement l'étonne ; elle tire quelques coups de carabine, je défends d'y répondre, j'avance toujours ; elle se rompt, elle se disperse ; j'arrive au bois.

Et ainsi le Lyonnais couronna par l'action la plus intrépide la gloire dont il s'était déjà couvert pendant le siége ; ainsi, tant qu'il conserva un reste de force, il sut en imposer à son ennemi ; mais ce dernier effort l'avait entièrement épuisée, et je touche au moment le plus affreux de ma vie.

Arrivé au bois, je voulais faire halte. Je m'étais arrêté derrière un ravin d'où je pouvais me défendre et gagner du temps pour prendre du repos; mais mes compagnons ne voyaient de salut que sur les hauteurs, et voulurent les gagner; il fallut céder à leur désir. Je quittai cependant ce poste à regret, et j'en eus d'autant plus que cette précipitation me fit perdre beaucoup d'hommes, qui, accablés de lassitude, se brûlèrent la cervelle pour ne pas tomber au pouvoir d'un ennemi féroce qui lui aurait fait subir mille morts.

Je me trouvai bientôt à cent pas d'un terrain sans bois. M. Restier forma quelques hommes pour charger, mais nous y arrivâmes sans obstacles, et je m'y arrêtai pour donner à tout le monde le temps de me rejoindre. Que pouvais-je espérer de faire, et comment opérer avec 80 hommes? car tout ce qui me restait, exténué, accablé, ne pouvait plus faire un pas. Que pouvais-je contre les forces qui nous entouraient? Je ne crois pas exagérer en portant au-delà de 20,000 hommes les différents rassemblements qui nous entouraient de plus en plus; ils n'osaient cependant pas attaquer de vive force les Lyonnais, qui leur en imposaient jusque dans l'état où ils étaient, car tous ceux qui pouvaient se tenir debout se tenaient formés par petits postes, tiraient sur l'ennemi, et l'arrêtaient ainsi par l'idée qu'ils avaient su lui donner de leur courage. Des hussards débouchèrent dans le bas du bois, j'empêchai de faire feu sur eux; ils étaient avec des paysans qui nous criaient: «Rendez-vous, il ne vous sera pas fait de mal.» M. Restier parla à l'un d'eux qu'il vit sans armes, lui promit 24 francs s'il voulait lui apporter une cruche de vin; le paysan y consentit...

Tout était perdu, je n'en pouvais douter; j'éprouvai cependant un mouvement de jouissance dans cette terrible position; cette jouissance, il est vrai, déchira plus douloureusement mon ame que la plus affreuse souffrance, mais je recevais la dernière preuve de l'amour des Lyonnais.

M. Restier, M. Smith, plusieurs autres, tous m'engagèrent, me
supplièrent de me séparer; ils ajoutèrent, pour me décider,
qu'ils ne pouvaient capituler, si j'étais avec eux; je ne pu
résister à de telles instances. Le jeune Audras surtout, cet
excellent jeune homme me priait, les larmes aux yeux, me
serrait les mains, m'offrait tout ce qu'il avait. J'ai peu vu
autant de candeur, de valeur et de sensibilité réunies. J'al-
lais placer encore quelques postes, lorsque M. Smith, venant
à moi, me dit : « Il n'y a pas un moment à perdre. » . .

. . . .

Je dois la vie à cet avis; je me décidai enfin, et je me jetai
dans le bois à quinze pas au plus de mes postes. Je vis bientôt revenir M. Smith; il me dit qu'il y avait encore quelque
espoir de capituler, et je lui fis promettre de venir me join-
dre avec MM. Restier et Audras; il me laissa son manteau et
sa petite provision de chocolat.

Un quart d'heure après, j'appris que, sous prétexte de
fraterniser, moyen odieux toujours employé par ces scélérats, et afin de faciliter leur rapprochement, des hussards
escortaient la cruche de vin demandée par M. Restier; d'autres hussards et des dragons s'en emparèrent; en même
temps les gardes nationales s'avancèrent de tous côtés. A
la fin ils étaient au milieu des Lyonnais incapables de soup-
çonner une si lâche perfidie, ils parlementaient avec eux et
se fiaient aux promesses faites par les paysans, lorsque tout-
à-coup ces dragons et ces hussards s'écrient : «Tue! tue! tue!»
les chargent, les assassinent. J'entends le cliquetis déchirant
des armes de quelques-uns qui se défendaient encore; j'entends
une voix appeler: « Capitaine Antoine ! » Un mouvement irré-
sistible me fait lever, je cours à mes malheureux amis, lorsqu'un paysan tombe sur moi, m'appuie son fusil sur la
poitrine; j'écarte rapidement son arme, je lui présente un

pistolet, je le menace s'il appelle, s'il crie, s'il ne me quitte pas ; il hésite, je fais un mouvement de tirer, il se sauve.

Mais déjà c'en était fait des malheureux Lyonnais ; ils avaient succombé, je ne pouvais plus les secourir.

Je m'enfonce aussitôt dans le bois, laissant mon manteau, mon épée et tout ce que m'avait laissé M. Smith ; j'arrive dans un fond, je marche sur mes mains pour le passer. Deux hommes me crient : « Général, on vous voit. » Je leur fais signe de ne pas crier, je gravis la hauteur, marchant toujours sur mes mains, et je me trouve dans un jeune taillis très épais.

J'avais vu le bois entouré, je craignais de tomber dans quelques pelotons de paysans ou d'être aperçu en continuant à marcher. Je me décidai à marcher dans le taillis ; il était à 300 pas du dernier combat. Je n'entendais plus que ces cris : *Rendez-vous, Lyonnais ! rendez-vous, muscadins !* quelques coups de fusil, et les plaintes déchirantes des malheureux qui étaient dépouillés, mutilés.

Il était cinq heures et demie, les paysans se répandirent dans le bois ; il en passa deux à côté de moi, ils ne m'aperçurent pas. La nuit vint et me fit espérer que, contents d'avoir pillé, emmené leurs victimes, ils se retireraient enfin. Je résolus de passer la nuit dans le taillis, et de n'en sortir qu'à la pointe du jour pour reconnaître le pays et sortir du bois.

Ainsi, je me trouvai seul livré à mes réflexions. Il était à peu près deux heures de nuit, que j'aperçus deux hommes venir à moi ; je les reconnus bientôt ; ils étaient des miens, ils avaient su s'échapper, ils m'avaient vu, ils cherchaient à me trouver ; l'un d'eux connaissait le pays.

Comment n'aurais-je pas reconnu l'effet de la divine Providence ? Je le sentis dans mon ame ; je rendis grâces à la main qui daignait me protéger, et je m'abandonnai avec confiancé à ses heureux soins. Peut-être, me dis-je à moi-même, me réserve-t-elle à être l'instrument de ses desseins, lorsque, confondant enfin le crime et ses fauteurs, elle fera rentrer dans sa grâce la France assez punie.

Je dois couvrir du secret le plus profond tout ce qui est relatif à ma longue marche, à ma direction sur différents points, et aux personnes vertueuses qui m'ont secouru ; les nommer, donner seulement des indices, ce serait appeler sur leurs têtes la vengeance des monstres qui punissent la vertu et n'honorent que le crime. Cette considération m'a souvent arrêté dans le cours de ce récit. Que de Lyonnais dont je vous aurais fait connaître les noms et les traits héroïques ! Je n'ai hasardé que ceux des infortunés que je crois avoir péri.

Pendant neuf jours entiers, je courus à chaque instant le danger d'être pris avec mes deux camarades. Couchés pendant le jour dans les bois, nous n'osions marcher que la nuit, allant presque au hasard, et évitant les chemins et les maisons. Nous avons souvent entendu passer près de nous de ces féroces paysans qui allaient à la chasse des Lyonnais ; souvent nous avons entendu les cris de ceux qu'ils découvraient et le bruit du coup qui les assassinait.

Nous souffrîmes encore l'horreur de la faim et de la soif, réduits au sort de ces animaux redoutés, qui, affamés, vont chercher leur proie dans l'épaisseur des ténèbres ; nous fûmes obligés d'errer pendant la nuit, pour découvrir des aliments malsains ; une nuit, entr'autres, nous tombâmes dans un champ de navets, et nous en fîmes un avide repas ; réduits ensuite à chercher une source, un ruisseau, nous n'en trouvions pas toujours pour apaiser notre soif.

Enfin, après neuf jours passés dans ces angoisses, j'ai trouvé un asile et des vertus, j'ai pu me reposer sous un toit hospitalier.

Le peuple français est bon, je m'en suis convaincu; son erreur est le fruit de sa candeur, de sa bonne foi, c'est le crime de ses tyrans.

Voilà le récit que vous m'avez demandé, mon ami. Je puis avoir fait des oublis, je ne puis pas savoir tout: je suis isolé, je n'ai rien appris; mais tout ce que je vous ai dit est vrai. Il me reste peut-être encore des témoins; tous les Lyonnais qui m'ont suivi n'auront peut-être pas péri sous le fer des assassins. Un bien vif intérêt me reste encore dans le moment où nous sommes; je plains le sort des malheureux habitants de cette ville pour laquelle je sacrifierais encore ma vie. Ce triste souvenir me poursuivra partout; j'ai perdu mes amis, mes parents, je manquerais des choses les plus nécessaires à la vie, si je n'avais trouvé des ames sensibles et généreuses. Je croyais périr un des premiers; j'avais prêté à mes amis, j'avais donné le reste à mon vertueux domestique; hélas! il a été pris, les monstres l'ont fait fusiller: son crime était de m'avoir été fidèle, d'être resté à mon service.

Adieu, mon ami; soyez prudent; songez bien que ce manuscrit nous perdrait infailliblement, s'il tombait dans les mains de nos ennemis. Je pourrai vous envoyer bientôt l'histoire du siége de Lyon, mais ce sera pour vous seul. Je voudrais faire connaitre les Lyonnais à tout l'univers, je ne le puis que sous le règne de l'ordre et de la justice: ce temps reviendra-t-il !!!

FIN DE LA LETTRE DU GÉNÉRAL PRÉCY.

LYON — Imprimerie de Boursy fils.

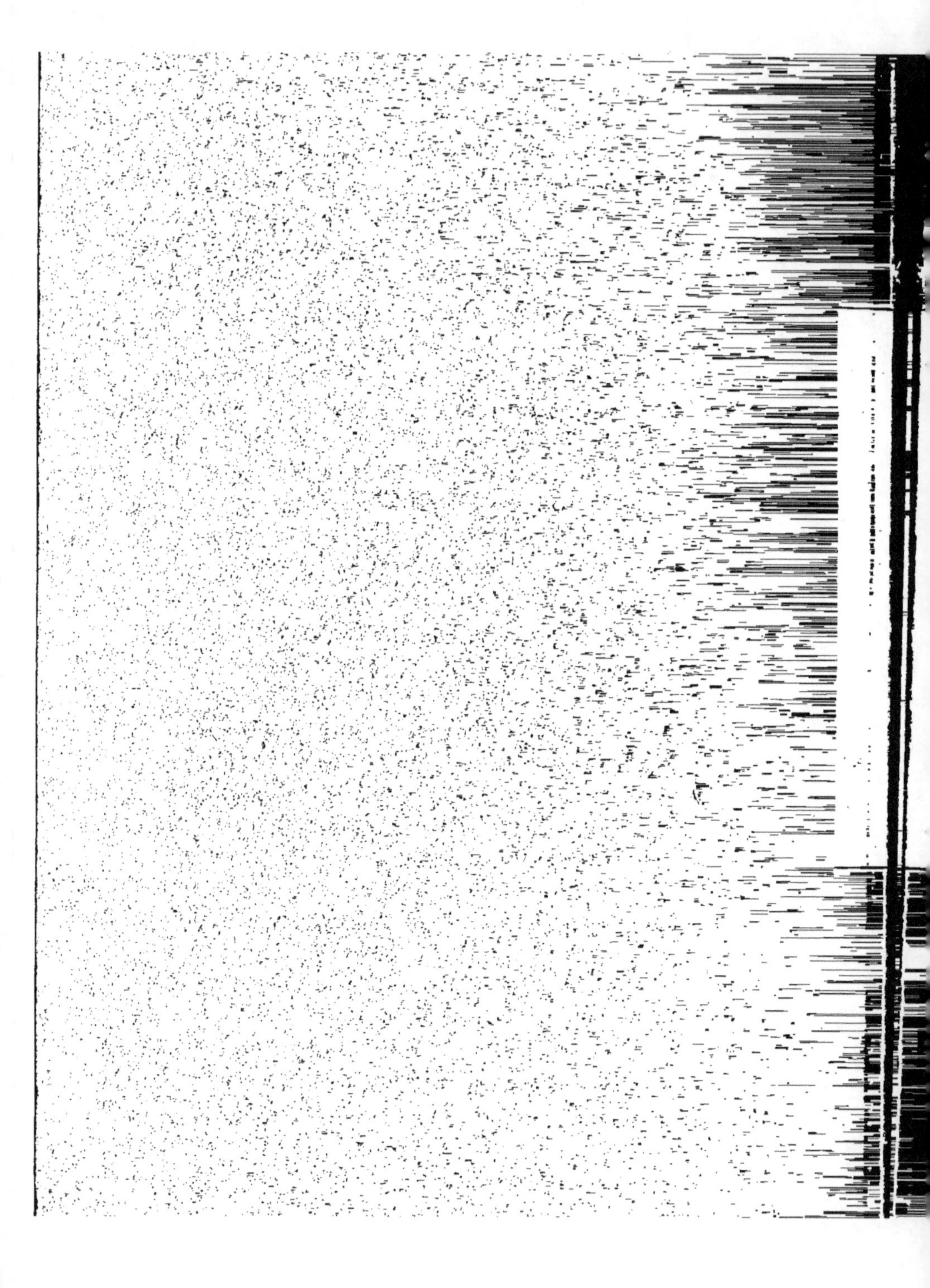

www.ingramcontent.com/pod-product-compliance
Lightning Source LLC
Chambersburg PA
CBHW051745050726
47598CB00003B/1342